zipfel & zipfel

www.zipfelundzipfel.de

Zipfel & Zipfel

»Ich aber hatte Zahnweh im Herzen.«

Heinrich Heine

511 geflügelte Worte
über Dummheit und Demut,
Treue und Einsamkeit,
Hoffnung und Leidenschaft,
Sehnsucht, Alter
und den Sinn des Lebens

Bibliografische Information der Deutschen Bibliothek:
Die Deutsche Bibliothek verzeichnet diese Publikation in der
Deutschen Nationalbibliografie; detaillierte bibliografische Daten
sind im Internet über http://dnb.ddb.de abrufbar.

© 2007 Zipfel & Zipfel, München, www.zipfelundzipfel.de
Konzept, Auswahl und Zusammenstellung: Matthias Zipfel
Gestaltung: Petra Zipfel
Herstellung und Verlag: Books on Demand GmbH, Norderstedt
Printed in Germany

ISBN 978-3-8370-0610-0

inhalt

»So ein paar gelehrte Zitate zieren den ganzen Menschen.«

Heinrich Heine

Der Dichter, Denker und begnadete Spötter Heinrich Heine hatte das Problem wohl kaum, das uns Normalsterblichen nur allzu vertraut ist: Oft möchten wir einen gelungenen Einstieg in ein Gespräch finden oder eine angespannte Situation entkrampfen oder jemandem Trost spenden. Woher aber die treffenden Worte nehmen und keine Plattitüden verbreiten?

Die Lösung ist ganz einfach: Über viele Jahrhunderte haben sich – von Aristoteles bis Nietzsche, von Goethe bis Tucholsky, von Lichtenberg bis Edison – die hellsten Köpfe Gedanken über die Widrigkeiten und Freuden des Lebens gemacht und ihre Erkenntnisse in brillanten Aphorismen auf den Punkt gebracht. Was sie bewegt hat, das bewegt uns noch heute. Was sie zu sagen hatten, sagt auch heute noch alles.

511 der prägnantesten, unterhaltsamsten und nachdenklichsten, in jedem Fall aber geistreichsten Zitate haben wir für Sie in diesem Buch zusammengetragen. Zum Nachschlagen und Schmunzeln, zur Unterhaltung und Inspiration, für das eigene Bücherregal oder zum Verschenken. Oder auch ganz einfach nur: zum lustvollen Schmökern – wo auch immer.

Viel Vergnügen bei der Lektüre. Und beim Zitieren, wann immer Sie ein passendes Bonmot brauchen!

wesenszüge

Dummheit
Egoismus
Geiz
Demut
Bescheidenheit
Menschlichkeit

Der Geist blitzt, der Fleiß sitzt, die Dummheit schwitzt.

Chinesisches Sprichwort

Wenn man Dummheiten macht, müssen sie wenigstens gelingen.

Napoleon I. Bonaparte (1769–1821)

Dumme und Gescheite unterscheiden sich dadurch, dass der Dumme immer dieselben Fehler macht und der Gescheite immer neue.

Kurt Tucholsky (1890–1935)

Mit Freuden sieht man einen Irren auf der Piazza, solange er aus einer anderen Familie stammt.

Venezianisches Sprichwort

Wer wenig weiß, glaubt besonders fest an das Wenige.

Titus Livius (ca. 59 v. Chr.–ca. 17 n. Chr.)
Römischer Geschichtsschreiber

Nichts auf der Welt ist so gerecht verteilt wie der Verstand.
Denn jedermann ist überzeugt, dass er genug davon habe.

René Descartes (1596–1650)
Französischer Mathematiker und Philosoph

Dumm wie die Nacht – und stolz wie 'ne Laus auf'm Teller.

Deutsches Sprichwort

Unser Verstand ist unser Vermögen, aber Armut
schändet nicht.

Unbekannt

Ich beneide die Dummen
um ihre Tollkühnheit:
Sie sprechen den ganzen Tag.

Michel de Montaigne (1533–1592)
Französischer Philosoph und Essayist

Auf einen Klugen kommen tausend Dumme,
auf ein kluges Wort kommen tausend dumme,
und dieses Tausend erstickt alles.

Anton Pawlowitsch Tschechow (1860–1904)
Russischer Erzähler und Dramatiker

Wenn einer Geld hat, darf er so dumm sein, wie er will.

Ovid (43 v. Chr.–17 n. Chr.)
Römischer Epiker

Mitten im Wasser dürstet der Narr.

Abessinisches Sprichwort

Der Klügere gibt so lange nach, bis er der Dümmere ist.

Unbekannt

Dummheit, die man bei andern sieht, wirkt meist erhebend aufs Gemüt.

Wilhelm Busch (1832–1908)
Deutscher Zeichner, Maler und Schriftsteller

Es gibt Köpfe von dreierlei
Arten: Der eine versteht von
selbst etwas; der zweite versteht
etwas, wenn es ihm von anderen
klar gemacht wird, und der
dritte versteht weder von selbst
etwas, noch wenn es ihm von
andern verdeutlicht wird.

Niccolò Machiavelli (1469–1527)
Italienischer Staatsmann und Schriftsteller

Unterschätze nie
die Macht dummer Leute,
die einer Meinung sind.

Kurt Tucholsky (1890–1935)

Das Recht auf Dummheit wird von der Verfassung
geschützt. Es gehört zur Garantie der freien Entfaltung
der Persönlichkeit.

Mark Twain (1835–1910)

Der Vorteil der Klugheit liegt darin, dass man sich dumm
stellen kann. Das Gegenteil ist schon schwieriger.

Kurt Tucholsky (1890–1935)

Der stumpfe Kopf ermangelt des Witzes,
der Dummkopf des Verstandes.

Immanuel Kant (1724–1804)

Ganz dumm ist nicht so schlimm als nur halb aufgeklärt.

Johann Wilhelm Ludwig Gleim (1719–1803)
Epigramm- und Fabeldichter

Wo etwas Dummes gesagt wird, da wird es hell
in den Menschenherzen.

Voltaire (1694–1778)

Selten dumme Menschen sind nicht selten. Aber dumm!

Kalenderspruch

Egoismus ist Einsamkeit.

*Johann Christoph Friedrich von Schiller
(1759–1805)*

Was für ein Recht haben Sie, vergnügt zu sein?
Sie sollten lieber an andere denken. Sie sollten an mich
denken. Ich denke immerzu an mich und erwarte
von jedem anderen das Gleiche. Anteilnahme nennt man
das. Sie ist eine wunderbare Tugend und ich besitze sie
in hohem Maße.

Oscar Wilde (1854–1900)

Was die Religion den »Sünder« nennt,
das nennt die Humanität den »Egoisten«.

Max Stirner (1806–1856)

Wo immer ich gehe, folgt mir ein Hund namens Ego.

Friedrich Wilhelm Nietzsche (1844–1900)

Unsere ganze Gesellschaft ist aufgebaut auf dem Ich.
Das ist ihr Fluch und daran muss sie zugrunde gehen.

Theodor Fontane (1819–1898)

Egoismus, Eitelkeit und Faulheit sind die einzigen
Triebfedern im Menschen, auf die man sich stets und
unbedingt verlassen kann.

Dr. Hans Gross (1847–1915)
Österreichischer Kriminalpsychologe

Ein Egoist ist eine Person
mit schlechtem Geschmack,
mehr an sich selber interessiert
als an mir.

Ambrose Gwinnet Bierce (1842–1914)
US-amerikanischer Journalist und Satiriker

Das ist das Wesen
der krassen Egoisten, dass
sie sich nichts daraus machen,
ein Haus anzustecken,
wäre es auch nur, um ihre
Eier daran zu backen.

Roger Bacon (1214–1294)
Naturwissenschaftler und Philosoph

Herr, schenke mir eine Seele,
der die Langeweile fremd ist,
die kein Murren kennt,
kein Seufzen und Klagen,
und lasse nicht zu,
dass ich mir zu viele Sorgen
mache um dieses Etwas,
das sich so breit macht und
sich »Ich« nennt.

Thomas Moore (1779–1853)
Irischer Dichter

Mir geht nichts über mich.

Max Stirner (1806–1856)
Deutscher Philosoph

Geiz und Glück werden sich niemals kennen lernen.

Benjamin Franklin (1706–1790)
US-amerikanischer Politiker,
Naturwissenschaftler,
Erfinder und Schriftsteller

Er ist die Schmeichelei, die Achtung,
das Wohlwollen selbst, sobald es nur auf Worte ankommt;
aber Geld? Da ist's aus.

Jean-Baptiste Molière (1622–1673)

Geiz ist der Wunsch, das Geld für etwas aufzuheben,
das man doch nie kaufen wird. *Unbekannt*

Der Geizhals lebt wie ein Bettler, aus Angst,
einer zu werden.

Sergio I. (7./8. Jahrhundert)
Papst von 687–701

Geiz kündet das Herannahen des Alters
und die eilige Flucht der Freuden an.

Luc de Clapiers Vauvenargues (1715–1747)
Französischer Philosoph, Moralist und Schriftsteller

Geiz ist subjektive Armut. *Peter Hille (1854–1904)*
Deutscher sozialistischer Dichter und Aphoristiker

Ein Geiziger isst nicht am hellen Tag.

Afrikanisches Sprichwort

Geizhälse sind unangenehme
Zeitgenossen, aber
angenehme Vorfahren.

Bernhard Heinrich Martin Fürst von Bülow (1849–1929)
Deutscher Reichskanzler von 1900–1909

Der Geizhals besitzt nicht
sein Vermögen, sondern
sein Vermögen besitzt ihn.

Jüdisches Sprichwort

Im Testament gibt selbst der
Geizhals so viel, wie er kann.

Emanuel Wertheimer (1846–1916)
Deutsch-Österreichischer Philosoph und Aphoristiker

Was aber der Geiz im Greisenalter bedeuten soll, sehe ich nicht ein. Kann es denn wohl etwas Ungereimteres geben als je weniger Weg noch übrig ist, noch desto mehr Reisegeld zu suchen?

Marcus Tullius Cicero (106–43 v. Chr.)

Der Geiz der schwerreichen Leute hat eine nette Heuchelei zum Vorschein gebracht: den Sinn für das Einfache.

Edmond Huot de Goncourt (1822–1896)
Französischer Romancier, Kunst- und Kulturhistoriker

Wer sich nach allen Seiten verneigt, stößt überall mit dem Hintern an.

Chinesisches Sprichwort

Da ich nicht stolz sein konnte, bin ich demütig geworden,
um mir die Scham zu ersparen, niederträchtig zu werden.

Johann Nepomuk Nestroy (1801–1862)
Österreichischer Dramatiker, Schauspieler und Bühnenautor

Demut ist eine Falle für die Macht.   *Arabisches Sprichwort*

Wer sich selbst zum Besen macht,
muss sich nicht über den Staub beklagen.

Georg Christoph Lichtenberg (1742–1799)
Deutscher Physiker und Meister des Aphorismus

Der größte Mut ist die Demut, alles andere ist Eitelkeit.

Unbekannt

Nur der Liebende ist mutig, nur der Genügsame ist großzügig, nur der Demütige ist fähig zu herrschen.

Laotse (wahrscheinlich 6. Jh. v. Chr.)

In schlechten Zeiten

ist auch der Hering ein Fisch.

Jüdisches Sprichwort

Bescheidenheit ist das Gefühl,
der andere werde nach einer
kleinen Weile gewiss entdecken,
wie wundervoll du bist.   *Unbekannt*

Bescheidenheit ist der
einzig sichere Köder,
wenn du nach Lob angelst.

Philip Dormer Stanhope Lord Chesterfield (1694–1733)

Bescheidenheit ist bei
mittelgroßen Fähigkeiten bloße
Ehrlichkeit, bei großen
Talenten ist sie Heuchelei.

Arthur Schopenhauer (1788–1860)

Es gibt eine Bescheidenheit,
die an Größenwahn grenzt.

Emanuel Wertheimer (1846–1916)
Deutsch-Österreichischer Philosoph und Aphoristiker

Je weniger wir bedürfen, umso
näher stehen wir den Göttern.

Sokrates (469–399 v. Chr.)
Griechischer Philosoph

Mache dich nicht so klein,
du bist gar nicht so groß.

Israelisches Sprichwort

Die kleinste Pfütze
spiegelt den Himmel.

Schwedisches Sprichwort

Der gewöhnliche Mensch ist
groß in kleinen Dingen
und klein in großen Dingen.

Konfuzius (551–479 v. Chr.)
Chinesischer Philosoph

Bescheidenheit:
eine Tugend, die man vor allem
an anderen schätzt.

François VI. Duc de La Rochefoucauld (1613–1680)
Französischer Offizier, Diplomat und Schriftsteller

Selbst der bescheidene Mensch
hält mehr von sich,
als sein Freund von ihm hält.

Marie Freifrau von Ebner-Eschenbach (1830–1916)
Österreichische Erzählerin, Novellistin und Aphoristikerin

Der Mensch ist etwas Vortreffliches, wenn er wahrhaft Mensch ist.

Aischylos (um 525–456 v. Chr.)
Griechischer Tragödiendichter

Es fällt viel schwerer,
eine Woche lang ein guter
Mensch zu sein, als eine
Viertelstunde lang ein Held.

Jules Renard (1864–1910)
Französischer Roman- und Tagebuchautor

Zwischen Ungezogenheiten und würdeloser Kriecherei
gibt es einen dritten Weg. Den der Menschlichkeit.

Kurt Tucholsky (1890–1935)

Feingedrechselte Worte und ein wohlgefälliges Gebaren
sind selten Zeichen wahrer Menschlichkeit.

Konfuzius (551–479 v. Chr.)

Es ist großartig, ein bedeutender Mensch zu sein,
aber es ist großartiger, ein menschlicher Mensch zu sein.

William »Will« Penn Adair Rogers (1879–1935)
US-amerikanischer Humorist und Schriftsteller

BEZIEHUNGS-KISTEN

Freundschaft

Ehe

Treue

Trennung

Verlust

Einsamkeit

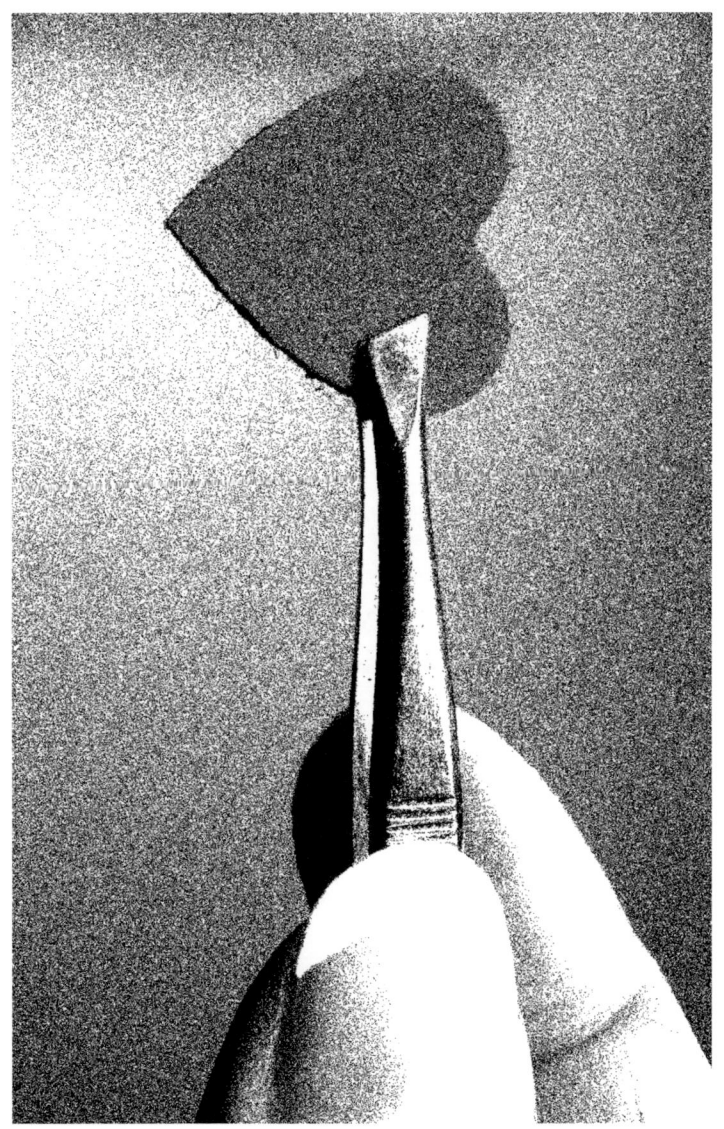

Ein Freund ist jemand, der dich mag, obwohl er dich kennt!

Elbert G. Hubbard (1859–1915)
US-amerikanischer Schriftsteller
und Verleger

Ein bisschen Freundschaft
ist mir mehr wert
als die Bewunderung
der ganzen Welt.

Otto Eduard Leopold Fürst von Bismarck (1815–1898)
Staatsmann und 1. Reichskanzler

Man hat etwas weniger Freunde,
als man annimmt, aber
etwas mehr, als man kennt.

Hugo von Hofmannsthal (1874–1929)

Im Glück kennen dich
deine Freunde, im Unglück
kennst du sie.

Unbekannt

Neben den Böswilligen, die uns leichtfertig das Üble nachsagen, das sie vermuten, gibt es diskrete Freunde, die sorgfältig das Gute verschweigen, dessen sie sicher sind.

Antoine de Rivarol (1753–1801)
Französischer Moralist und Übersetzer

Es ist ganz gewiss, dass man viele Freunde hat,
wenn man keines Menschen bedarf.

Teresa von Avila (1515–1582)
Katholische Heilige

Ein Freund ist ein Mensch, vor dem man laut denken kann.

Ralph Waldo Emerson (1803–1882)

Man wird in der Regel keinen Freund dadurch verlieren,
dass man ihm ein Darlehen abschlägt,
aber sehr leicht dadurch, dass man es ihm gibt.

Arthur Schopenhauer (1788–1860)
Deutscher Philosoph

Du weißt nicht, wer dein Freund oder dein Feind ist,
bis das Eis bricht. *Sprichwort der Inuit*

Das Beste, was ich für einen Freund tun kann, ist einfach: sein Freund sein.

Wilhelm Busch (1832–1908)
Deutscher Zeichner, Maler und Schriftsteller

Die guten Freunde sind da, um uns zu sagen, was unsere Feinde von uns denken.

Marie Freifrau von Ebner-Eschenbach (1830–1916)
Österreichische Erzählerin, Novellistin und Aphoristikerin

Niemand ist uns ein näherer Freund, als wir uns selber sind.

Dante Alighieri (1265–1321)
Italienischer Dichter

Willst du etwas los sein, leih' es einem guten Freund.

Titus Maccius Plautus (250–184 v. Chr.)
Lateinischer Komödiendichter

Ein echter Freund ist derjenige, der dann kommt, wenn alle anderen gehen.

Unbekannt

Ein Freund –
die Hälfte meiner Seele.

Horaz (65–8 v. Chr.)
Römischer Dichter und Satiriker

Es gibt nur ein Problem,
das schwieriger ist
als Freunde zu gewinnen:
sie wieder los zu werden

Mark Twain (1835–1910)

Meine Freunde!
Es gibt keine Freunde!

Aristoteles (384–322 v. Chr.)
Griechischer Philosoph

Wie sich der Wein dem Benehmen der Zecher mitteilt,
so prägt auch die Freundschaft den Charakter derer,
die sich lieben.

Aristoteles (384–322 v. Chr.)
Griechischer Philosoph

Die schlechtesten Münzen, mit denen man Freunde
bezahlen kann, sind Ratschläge. Worauf es ankommt ist,
ihnen zu helfen.

Abbé Ferdinando Galiani (1728–1787)
Italienischer Nationalökonom und Schriftsteller

Was wir gewöhnlich Freundschaft nennen,
ist eigentlich nur Geselligkeit.

Michel de Montaigne (1533–1592)
Französischer Philosoph und Essayist

Hast du aber einen leidenden Freund, so sei seinem
Leben eine Ruhestätte, doch gleichsam ein hartes Bett,
ein Feldbett: So wirst du ihm am besten nützen.

Friedrich Wilhelm Nietzsche (1844–1900)

Ein alter Freund ist wie ein gesatteltes Pferd.

Afghanisches Sprichwort

Stürmisch wogte manche Liebe

Wie die Brandung an dem Strand,

Doch gemach dann in der Ehe

Lief das Schifflein auf den Sand.

Peter Sirius (1858–1913)
Deutscher Gymnasialprofessor,
Dichter und Aphoristiker

Den Frauen, die ihren Männern vertrauen,
ist das sogleich anzumerken: Sie sehen allesamt
so ehrlich unglücklich aus.

Oscar Wilde (1854–1900)

Viel Zänkereien in der Ehe kommen davon,
dass man fordert, der Gatte solle die Liebe erraten,
die man auszusprechen zu stolz und schamhaft ist.

Jean Paul (1763–1825)
Deutscher Dichter, Publizist und Pädagoge

Zwei Gatten, die getrennte Zimmer haben, haben sich
entweder getrennt oder sie haben das Glück zu finden
gewusst; sie verabscheuen einander oder sie beten sich an.

Honoré de Balzac (1799–1850)

Eheleute sollten Ritzen und Fugen
in ihrer Ehe offen lassen, damit der Wind des Himmels
zu ihnen dringen kann.

Khalil Gibran (1883–1931)
Philosoph und Maler

Der ideale Gatte ist der Mann, von dem andere Frauen
ihren Männern immer erzählen. *Unbekannt*

Manche Frau versteht ihren Mann so gründlich zu
verdrängen und im eigenen Hause zu begraben, dass
draußen in der Welt kein Mensch von ihm spricht:
Lebt er noch? Lebt er nicht mehr? Man weiß es nicht.

Jean de La Bruyère (1645–1696)
Französischer Moralist und Aphoristiker

Dieser Zweikampf, den man Ehe nennt.

August Strindberg (1849–1912)
Schwedischer Dramatiker und Maler

In der Ehe ist es wichtig, dass man versteht
harmonisch zu streiten. *Unbekannt*

Hat versalzen dir die Suppe
deine Frau, bezähm' die Wut,
sag' ihr lächelnd: »Süße Puppe,
alles, was du kochst, ist gut.«

Heinrich Heine (1797–1856)
Deutscher Dichter und Journalist

Nichts schmeichelt einem Mann so sehr
wie das Glück seiner Frau.

Samuel Johnson (1709–1784)
Englischer Sprachforscher, Lehrer, Journalist und Literaturkritiker

Witwenschaft ist meist die einzige Entschädigung,
die eine Frau für die Ehe bekommt.

Bertha von Suttner (1843–1914)
Österreichische Schriftstellerin und Pazifistin

Die Ehe lässt sich stufenweise vervollkommnen,
wie dies bei allen menschlichen Dingen möglich scheint.

Napoleon I. Bonaparte (1769–1821)

Mit dem Band, das ihre Herzen binden sollte, haben sie ihren Frieden stranguliert.

Georg Christoph Lichtenberg (1742–1799)
Deutscher Physiker und Meister des Aphorismus

Die meisten gut erzogenen Mädchen heiraten, ohne dass Liebe dabei eine Rolle spielt, und sie tun es gerne. Sie scheinen zu wissen, dass Ehemänner eine Sache sind und Liebhaber eine andere.

Giacomo Girolamo Casanova (1725–1798)

Nie lasse man sich auf eine Ehe ein. Die Eheleute geloben einander »auf ewig« Liebe. Wenn die Betreffenden stattdessen »bis Ostern« sagten, sagten sie etwas, was man vielleicht halten könnte.

Søren Aabye Kierkegaard (1813–1855)
Dänischer Philosoph, Theologe und Schriftsteller

In der Ehe ist es nicht so wichtig, den richtigen Partner zu finden als der richtige Partner zu sein.

Griechisches Sprichwort

Jetzt kommen diese endlosen Winterabende – so entsetzlich einsam, wenn du fern bist, und so furchtbar langweilig, wenn du da bist.

Ferdinand Freiherr von Reznicek (1868–1909)
Österreichischer Maler, Zeichner und Buch-Illustrator

Die Ehe beginnt mit einem
Prinzen, der einen Engel küsst,
und sie endet mit einem
glatzköpfigen Mann, der über
den Tisch schweigend
auf eine fette Frau blickt. *Unbekannt*

O ja, es gibt eine platonische
Liebe – aber nur unter Eheleuten.

Emanuel Wertheimer (1846–1916)
Deutsch-Österreichischer Philosoph

In der Ehe finden wir heraus,
welche Art von Mensch unser
Partner eigentlich gewollt hätte.

Unbekannt

TUnd die reue,
sie ist doch kein leerer Wahn!

*Johann Christoph Friedrich von Schiller
(1759–1805)*

Wer im Geringsten treu ist, der ist auch im Großen treu;
und wer im Geringsten ungerecht ist,
der ist auch im Großen ungerecht.　　　*Bibel, Lukas 16.10*

Ich kannte eine Frau, die sich scheiden lassen wollte,
um nicht die Frau eines betrogenen Ehemannes zu sein.

*Georges Courteline (1858–1929)
Französischer Dramatiker und Lustspielautor*

Die Geschichte kennt mehr Vorbilder von treuen Hunden dann von treuen Menschen.

Alexander Pope (1688–1744)
Englischer Dichter und Übersetzer der Epen Homers

Treu bis in den Tod sind nur die Dummköpfe. Die Treue hat ihre Grenze im Verstand.

Charles Maurice de Talleyrand (1754–1838)
Französischer Bischof, Staatsmann und Außenminister

Eine Gattin verzeiht leichter Untreue und Freude an fremden Reizen als Kälte gegen ihre.

Jean Paul (1763–1825)
Deutscher Dichter, Publizist und Pädagoge

Wenn ich mir eine Untreue zuschulden kommen ließe, könnte ich sie mir ohne weiteres verzeihen. Dir nie.

Arthur Schnitzler (1862–1931)
Österreichischer Erzähler und Dramatiker

Kein Zweifel, der Hund ist treu. Aber sollen wir uns deshalb ein Beispiel an ihm nehmen? Er ist doch nur dem Menschen treu und nicht dem Hund.

Oscar Wilde (1854–1900)

Es ist nicht weise, von anderen mehr Treue zu erwarten als von sich selbst.

Christina von Schweden (1626–1689)

Wer treu ist, kennt nur die triviale Seite der Liebe.
Nur die Treulosen kennen ihre Tragödien.

Oscar Wilde (1854–1900)

Die Wahrheit
schwindet von der Erde,

Auch mit der Treu'
ist es vorbei.

Die Hunde wedeln noch
und stinken

Wie sonst, doch sind sie
nicht mehr treu.

Heinrich Heine (1797–1856)

Sind wir einer Liebe müde, so freuen wir uns
über die Untreue, die uns von unserer Treue erlöst.

François VI. Duc de La Rochefoucauld (1613–1680)
Französischer Offizier, Diplomat und Schriftsteller

Treue üben ist Tugend, Treue erfahren ist Glück.

Marie Freifrau von Ebner-Eschenbach (1830–1916)

Es gibt Frauen, die sind so treu, dass sie jedes Mal
Gewissensbisse haben, wenn sie ihren Mann betrügen.

Guy de Maupassant (1850–1893)

Erwarte keine Treue von den Nachtigallen,
die jeden Augenblick eine andere Rose besingen.

Saadi (ca. 1490–1283 v. Chr.)

Wer nicht ist mit mir, der ist wider mich.

Johann Christoph Friedrich von Schiller (1759–1805)

In welchen seligen Zustand versetzt uns die Treue?
Sie gibt dem vorübergehenden Menschenleben
eine himmlische Gewissheit.

Johann Wolfgang von Goethe (1749–1832)

Wer alle
Brücken
abbricht,
der muss
gut
schwimmen
können.

Aus Borneo

Ich forderte ihn auf, da wollte er nicht; als ich ihn aber gehen ließ, fing er an zu bereuen.

Arabisches Sprichwort

Jede Trennung gibt einen Vorgeschmack des Todes und jedes Wiedersehen einen Vorgeschmack der Auferstehung. Darum jubeln selbst Leute, die einander gleichgültig waren, so sehr, wenn sie, nach 20 oder gar 30 Jahren, wieder zusammentreffen.

Arthur Schopenhauer (1788–1860)

Jeder Mann weiß aus Erfahrung, dass ununterbrochene Gegenwart bei weitem nicht das Vergnügen bereitet, das man bei wechselseitigem Scheiden und wieder Zusammenkommen empfindet.

Michel de Montaigne (1533–1592)

Erfüllte Hoffnungen lindern den Schmerz der Trennung.

Bai Juyi (772–846)
Chinesischer Lyriker, Mitglied der kaiserlichen Akademie

Sehr oft ist das Wiedersehen erst die rechte Trennung.

Christian Friedrich Hebbel (1813–1863)
Deutscher Dramatiker

Für den Verlust von Personen, die uns lieb waren,
gibt es keine Linderung als die Zeit und sorgfältig
und mit Vernunft gewählte Zerstreuung ...

Georg Christoph Lichtenberg (1742–1799)
Deutscher Physiker und Meister des Aphorismus

Wenn man zu lange an einem Ort wohnt, häufen sich zu
viele Sachen an. Man übernimmt zu viele Pflichten und
Geschäfte, verkehrt mit zu vielen Familien, und wenn man
fortzieht, empfindet man Trennungsschmerz.

Buddha (563–483 v. Chr.)

Trennung verringert mittelmäßige Leidenschaften
und vergrößert starke, wie der Wind Kerzen auslöscht
und Glut entfacht.

François VI. Duc de La Rochefoucauld (1613–1680)
Französischer Offizier, Diplomat und Schriftsteller

Habe mich, und du kennst mich nicht;
verliere mich, und du kennst mich.   *Serbisches Sprichwort*

Du Erznarr! Du musst Tinte gesoffen haben, dass du ein solches Weibchen kannst fahren lassen! Und das artige Vermögen, die runden Schultern, der treffliche Anstand!

Gottfried Keller (1819–1890)
Schweizer Dichter und Romanautor

Es ist selten, dass man im Guten auseinander geht. Denn wenn man im Guten ist, geht man nicht auseinander.

Marcel Proust (1871–1922)

Ich **fand** es
– ich freute mich;
ich **verlor** es
– es tut meinem
Herzen
weh. nicht

Alte Weisheit der Sumerer

Es ist besser, etwas gehabt und wieder verloren zu haben,
als es nie gehabt zu haben.   *Walisisches Sprichwort*

Der eine lässt so wenig gern Haar als der andere.

Lucius Annaeus Seneca (ca. 1 v. Chr.–65 n. Chr.)
Römischer Politiker, Philosoph und Schriftsteller

Der kluge Mann verliert niemals etwas,
solange er sich selbst hat.

Michel de Montaigne (1533–1592)
Französischer Philosoph und Essayist

Es ist leichter zu ertragen, etwas nicht zu bekommen,
als es zu verlieren.

Lucius Annaeus Seneca (ca. 1 v. Chr.–65 n. Chr.)
Römischer Politiker, Philosoph und Schriftsteller

Einerseits schließt der Verlust den Gewinn mit ein;
andererseits schließt der Gewinn den Verlust mit ein.

Laotse (ca. 6. Jh. v. Chr.)

Jeder scheinbar unersetzliche Verlust offenbart am Ende
eine heilende Kraft.   *I Ging, chinesisches Weisheitsbuch*

Alles kann man lieben, wenn man sich vorstellt,
dass man es verlieren könnte.

Ernst Christoph Freiherr von Houwald (1778–1845)
Deutscher Dramatiker

Wer viel besitzt, muss viel verlassen.   *Schlesische Weisheit*

Kein Weiser jammert um Verlust.
Er sucht mit freudigem Mut, ihn zu ersetzen.

William Shakespeare (1564–1616)

Der Fisch, den man nicht fängt, ist immer riesig.

Chinesisches Sprichwort

Nur die Sache ist verloren, die man aufgibt.

Gotthold Ephraim Lessing (1729–1781)
Deutscher Schriftsteller und Philosoph der Aufklärung

Wer nichts verlieren kann, darf etwas wagen.

Titus Petronius Arbiter (ca. 14–66)

Verlust kommt vom Profit.   *Chinesisches Sprichwort*

Ihr Geld ist nicht weg, mein Freund, es hat nur ein anderer.

Meyer Amschel Rothschild (1744–1812)
Deutscher Adliger und Bankier

Ein kleiner Verlust erschreckt, ein großer zähmt.

Spanisches Sprichwort

Was von uns gehen will,
muss vorher zu uns gekommen sein.

Laotse (ca. 6. Jh. v. Chr.)

Nichts ist je verloren, was man liebt;
nichts ist aufgegeben,
was man nicht selber aufgibt.

Deutsches Sprichwort

Was du bekommst, nimm ohne Stolz an,
was du verlierst, gib ohne Trauer auf.

Marc Aurel (121–180)
Römischer Kaiser und Philosoph

Einsame Tage, ihr wollt auf tapferen Füßen gehn!

Friedrich Wilhelm Nietzsche
(1844–1900)

Nie fühlt man sich verlassener und elender
als mit einer großen Sorge unter vielen unbekannten
und geschäftig aussehenden Menschen.

Arthur Stahl (1830–1876)
Pseudonym für Valeska Voigtel-Bolgiani, Deutsche Schriftstellerin

Wer ein volles Gefäß trägt, muss das Gedränge vermeiden,
und wessen Seele am Überlaufen ist, einsame Wege geh'n.

Emil Gött (1864–1908)
Deutscher Dramatiker

Einsamkeit tut weh, aber doch nicht so
wie falsche Geselligkeit. *Theodor Fontane (1819–1898)*

Begegnest du der Einsamkeit – hab' keine Angst!
Sie ist eine kostbare Hilfe,
mit sich selbst Freundschaft zu schließen.

Indisches Sprichwort

Und wenn du allein sein wirst, wirst du ganz dein sein.

Leonardo da Vinci (1452–1519)

Ich hatte viele Freunde,
die mir zum Fallen halfen,
beim Aufstehen jedoch
war ich ganz allein, so dass
ich staune, dass ich nicht
für immer liegen blieb.

Teresa von Avila (1515–1582)

Ich wurde allein geboren.
Ich werde allein sterben.
Und dazwischen
bin ich Tag und Nacht allein.

Sengai (1750–1837)
Zen-Mönch

Die Einsamkeit ist der vertraute
Umgang mit sich selbst.

Robert Schumann (1810–1856)
Deutscher Komponist der Romantik

Die Empfindung des
Einsamseins ist schmerzlich,
wenn sie uns im Gewühl
der Welt, unerträglich jedoch,
wenn sie uns im Schoße
unserer Familie überfällt.

Marie Freifrau von Ebner-Eschenbach (1830–1916)

Es kämpft jeder seine
Schlacht allein.

Johann Christoph Friedrich von Schiller (1759–1805)

Wenn du Einsamkeit nicht ertragen kannst,
dann langweilst du vielleicht auch andere.

Oscar Wilde (1854–1900)

»Einsamkeit« ist ein guter Platz, um auf Besuch zu gehen,
aber ein schlechter, um zu bleiben.

Josh Billings (1818–1885)
US-amerikanischer Humorist

Sonntag, der tödlichste Tag für Gefangene und Einsame.

Rosa Luxemburg (1870–1919)
Deutsche sozialistische Politikerin

Auch Einsamkeit hat ihre Gecken, und sie verraten sich
meist dadurch, dass sie sich als Märtyrer aufspielen.

Arthur Schnitzler (1862–1931)

Einsamkeit bringt die Poesie zur Entwicklung, die in jedem Menschen vorhanden ist.

Victor Marie Hugo (1802–1885)

Wie seinen Schweif
der goldene Fasan,
so schleife ich
durch meine Nacht
die Einsamkeit.

Kakinomoto no Hitomaro (um 662–710)
Japanischer Dichter

Mancher Mensch hat ein großes Feuer in der Seele
und niemand kommt, um sich daran zu wärmen.

Vincent van Gogh (1853–1890)

Für den Einsamen ist schon Lärm ein Trost.

Friedrich Wilhelm Nietzsche (1844–1900)

Der Einsame ist nur der Schatten,
und wer nicht geliebt wird,
ist überall und mitten unter allen einsam.

George Sand (1804–1876)

Trieb-
federn

Hoffnung

Sehnsucht

Schmerz

Leidenschaft

Angst

Die Hoffnung ist Träumen mit offenen Augen.

Aristoteles (384–322 v. Chr.)

Die kleinste Hoffnung ist besser
als die schlimmste Befürchtung.

Mark Twain (1835–1910)

Die Hoffnung nährt mich,
sie nährt ja die halbe Welt,
und ich habe sie mein Lebtag
zur Nachbarin gehabt, was
wäre sonst aus mir geworden?

Ludwig van Beethoven (1770–1827)

Die Hoffnungen schwätzen
nach, was ihnen die Wünsche
vorplappern.

Emanuel Wertheimer (1846–1916)
Deutsch-Österreichischer Philosoph

Alles, was in der Welt erreicht wurde, wurde aus Hoffnung getan.

Martin Luther (1483–1546)

Die Realität hilft mir nicht immer, aber die Hoffnung.

Ovid (43 v. Chr.–17 n. Chr.)
Römischer Epiker

Es gibt keine Hoffnung ohne Angst
aber auch keine Angst ohne Hoffnung.

Baruch de Spinoza (1632–1677)
Holländischer Philosoph

Die Hoffnung trübt das Urteil, aber sie stärkt die Ausdauer.

Edward George Earl Lord Bulwer-Lytton (1803–1873)
Englischer Schriftsteller

Wir alle liegen in der Gosse, doch einige von uns
blicken in die Sterne. *Oscar Wilde (1854–1900)*

Wenn die Hoffnung aufwacht, legt sich die Verzweiflung schlafen.

Malaysisches Sprichwort

Man muss das Beste hoffen,
das Schlimmste kommt von selbst.

Deutsches Sprichwort

Eines Tages wird alles gut sein, das ist unsere Hoffnung.
Heute ist alles in Ordnung, das ist unsere Illusion.

Voltaire (1694–1778)

Wer Unverhofftes nicht erhofft, kann es nicht finden.

Heraklit von Ephesus (etwa 540–480 v. Chr.)
Griechischer Philosoph

Selbst die absolute Dunkelheit kann eine kleine Kerze
nicht am Scheinen hindern.

Irisches Sprichwort

Hoffnung ist das einzige Gut,
das allen Menschen
gemein ist; selbst diejenigen,
die nichts besitzen,
besitzen noch Hoffnung.

Thales von Milet (um 624–546 v. Chr.)
Griechischer Philosoph und Mathematiker

Die Hoffnung ist ein viel
größeres Stimulans im
Leben als irgendein Glück.

Friedrich Wilhelm Nietzsche (1844–1900)

Es geht nie so gut, dass man keine Furcht und nie so
schlecht, dass man keine Hoffnung haben sollte.

Dänisches Sprichwort

Lieber bin ich – voll von Hoffnungen – ein Träumer unter
Knechten als ein Herr unter Traum- und Wunschlosen.

Khalil Gibran (1883–1931)
Christlich-libanesischer Dichter, Philosoph und Maler

Der Mensch hört früher auf zu fühlen als zu hoffen.

Edward Young (1683–1765)
Englischer Satiriker, Komödienschreiber und anglikanischer Pfarrer

Derjenige, der von der Hoffnung lebt,
läuft Gefahr zu verhungern.

Benjamin Franklin (1706–1790)
US-amerikanischer Politiker, Naturwissenschaftler,
Erfinder und Schriftsteller

Hoffnung ist der flotte, farbenfreudige Pyjama, den
man sich über die Beulen und Schrammen des Tages zieht.

Unbekannt

So süß ist keine Liebesmelodie,

so frisch kein Bad,

so freundlich keine kleine Brust

wie die, die man nicht hat.

Kurt Tucholsky (1890–1935)

Was man am meisten ersehnt, erfüllt sich nicht, und
wenn es eintrifft, dann nicht zu der Zeit noch unter den
Umständen, wo es die größte Freude bereitet hätte.

Jean de La Bruyère (1645–1696)
Französischer Schriftsteller

Wenn du die Stadt deiner Kindheit besuchst, merkst du
bald, dass es nicht die Stadt war, nach der du dich gesehnt
hast, sondern deine Kindheit.

Unbekannt

Wir wollen uns nie so ganz zu besitzen glauben,
dass wir uns nicht noch nach einander sehnen müssten.

Christian Morgenstern (1871–1914)

Die Sehnsucht lässt alle Dinge blühen,
der Besitz zieht alle Dinge in den Staub.

Marcel Proust (1871–1922)

Sogar Schnelligkeit ist bei Sehnsucht
die reinste Verzögerung.

Publilius Syrus (wahrscheinlich 90–40 v. Chr.)
Römischer Moralist und Possenschreiber

Es ist doch eigentlich der
Hauptinhalt im Leben:
Sehnsucht und wieder Sehnsucht.

Franziska Gräfin zu Reventlow (1871–1918)
Deutsche Schriftstellerin und Malerin

Alle Mädchen erwarten wen,
wenn die Bäume in Blüten stehn.

Rainer Maria Rilke (1875–1926)

Die Bedeutung eines Menschen
liegt nicht in dem, was er
erreicht, sondern in dem, was er
sich zu erreichen sehnt.

Khalil Gibran (1883–1931)
Christlich-libanesischer Dichter, Philosoph und Maler

Eigentlich ist es ein Glück,
ein Leben lang
an einer Sehnsucht zu lutschen.

Theodor Fontane (1819–1898)

Der Tag, vor dem wir uns
fürchten, eilt auf uns zu.
Der Tag, nach dem wir uns
sehnen, kriecht heran.

Schwedisches Sprichwort

Unsere Sehnsucht wird
immer größer, je weniger
wir sie befriedigen können.

Niccolò Machiavelli (1469–1527)
Italienischer Staatsmann und Schriftsteller

Nicht die sind zu bedauern, deren Sehnsüchte nicht in
Erfüllung gehen, sondern diejenigen, die keine mehr haben.

Marie Freifrau von Ebner-Eschenbach (1830–1916)
Österreichische Erzählerin, Novellistin und Aphoristikerin

Des Menschen Sehnsucht geht dahin,
ein Ganzes und Vollkommenes zu erkennen.

Thomas von Aquin (1225–1274)
Italienischer Philosoph und Dominikanerpater

Einander verbundene Seelen sehnen sich
nicht nur nach Umarmung, sondern auch danach,
so zu sein wie die andere.

Sir Thomas Browne (1605–1682)
Englischer Philosoph und praktischer Arzt

Die ewige Illusion, dass das Leben noch vor einem liege.
Das Leben liegt immer hinter einem!

Wilhelm Raabe (1831–1910)
Deutscher Erzähler

Mit Erinnerungen lässt es sich leichter leben,
als mit unerfüllten Sehnsüchten.

Unbekannt

Jede Freude füllt, jeder Schmerz leert dich,
aber in jener hat noch Sehnsucht Platz,
in diesem noch Zuversicht.

Jean Paul (1763–1825)
Deutscher Dichter, Publizist und Pädagoge

Der leere Wunsch, die Zeit zwischen dem Begehren
und dem Erwerben des Begehrten vernichten zu können,
ist Sehnsucht.

Immanuel Kant (1724–1804)

Ich werde immer mindestens eine Sehnsucht mehr in mir
haben, als das Leben mir erfüllt.

Unbekannt

Die Liebe ist Sehnsucht, und gestillte Sehnsucht vergeht.

Hans Christian Andersen (1805–1875)
Dänischer Schriftsteller

… aber warum
bist du nicht hier …

Rainer Maria Rilke (1875–1926)

Ich aber hatte Zahnweh im Herzen.

Heinrich Heine (1797–1856)

Das Glück und der Schmerz
haben ihr eigenes Stundenmaß.

Arthur Stahl (1830–1876)
Pseudonym für Valeska Voigtel-Bolgiani
Deutsche Schriftstellerin

Es gibt keinen unerträglichen Schmerz. So lange er
empfunden wird, wird er ertragen. Ist er wirklich
unerträglich, so bricht er das Herz physisch oder moralisch.

Richard Rothe (1799–1867)
Deutscher Theologe

Keiner mahnt uns so gewissenhaft, für
unser Wohl zu sorgen – wie der Schmerz.

Emanuel Wertheimer (1846–1916)
Deutsch-Österreichischer Philosoph

Nur wer Schmerz ertragen kann, kann auch Glück spüren.

Unbekannt

Gehabte Schmerzen, die hab' ich gern.

Wilhelm Busch (1832–1908)
Deutscher Zeichner, Maler und Schriftsteller

Der Schmerz macht Hühner und Dichter gackern.

Friedrich Wilhelm Nietzsche (1844–1900)

Kommt dir ein Schmerz, so halte still und frage,
was er von dir will.

Emanuel Geibel (1815–1884)
Deutscher Lyriker und Dramatiker

Die vornehme Seele hämmert den Schmerz zu Gold;
der Schwächling nörgelt, schimpft oder verkümmert und
kommt nicht darüber hinweg.

Friedrich Lienhard (1865–1929)
Deutscher Schriftsteller

Freude und Schmerz lassen sich nicht beschreiben
und ihre Natur nicht definieren,
man kann sie nur aus Erfahrung kennen lernen.

John Locke (1632–1704)
Englischer Philosoph und Politiker

Man klagt so sehr bei jedem Schmerz
und freut sich so selten, wenn man keinen hat.

Georg Christoph Lichtenberg (1742–1799)
Deutscher Physiker und Meister des Aphorismus

Macht nicht unerträglich den Schmerz durch ewige Klagen.

Sophokles (496–406/5 v. Chr.)

Neue Freuden, neue Schmerzen.

Wolfgang Amadeus Mozart (1756–1791)

Nur in der Träne des Schmerzes
spiegelt sich der Regenbogen
einer besseren Welt.

Christian Friedrich Hebbel (1813–1863)

Der wirkliche Schmerz ist der,
den man ohne Zeugen leidet.

Marcus Valerius Martial (ca. 40–104)
Römischer Satiriker und Epigrammdichter

Meine vergangenen Schmerzen
wurden mir zum Panzer gegen die folgenden.

Nicolas Chamfort (1740–1794)
Französischer Dramatiker

Was man aber gern macht, macht man gut.

Prentice Mulford (1834–1891)
US-amerikanischer Journalist
Erzieher, Goldgräber
und Warenhausbesitzer

Leidenschaft ist die Lawine des menschlichen Herzens –
ein einziger Atemzug kann sie auslösen.

Edward George Earl Lord Bulwer-Lytton (1803–1873)
Englischer Schriftsteller

Die Vernunft erzählt Geschichten,
aber die Leidenschaft drängt zur Tat.

Antoine de Rivarol (1753–1801)
Französischer Moralist und Übersetzer

Man pflegt die Jugend die glückliche Zeit des Lebens
zu nennen und das Alter die traurige. Das wäre wahr, wenn
die Leidenschaften glücklich machten.

Arthur Schopenhauer (1788–1860)

Durch Heftigkeit ersetzt der Irrende, was ihm an Wahrheit und Kräften fehlt.

Johann Wolfgang von Goethe (1749–1832)

Alle Leidenschaften übertreiben und wären keine Leidenschaften, wenn sie nicht übertrieben.

Nicolas Chamfort (1740–1794)
Französischer Dramatiker

Die große Leidenschaft ist das Privileg derer,
die sonst nichts zu tun haben.

Oscar Wilde (1854–1900)

Die Jugend wechselt ihre Neigungen aus Heißblütigkeit.
Und das Alter bewahrt die seinen aus Gewohnheit.

François VI. Duc de La Rochefoucauld (1613–1680)
Französischer Offizier, Diplomat und Schriftsteller

Die Leidenschaften machen die besten Beobachtungen
und die elendsten Schlüsse.

Georg Christoph Lichtenberg (1742–1799)
Deutscher Physiker und Meister des Aphorismus

Zu grelles Licht gefährdet das Sehen, übermäßiger Lärm
tötet das Gehör, zu starke Gewürze verderben den
Geschmack, übergroße Erregung stumpft das Gefühl.

Laotse (ca. 6. Jh. v. Chr.)

Alle großen Leidenschaften entstehen in der Einsamkeit.

Jean-Jacques Rousseau (1712–1778)
Französisch-Schweizerischer Moralphilosoph, Dichter und Musiker

Die Anwandlung der Leidenschaft
ist das Glatteis der Klugheit.

Wilhelm Busch (1832–1908)

Wünsche und Leidenschaften sterben an ihrer Erfüllung.

Unbekannt

Alles, was wir gerne tun, macht dick, ist krebserregend
oder unmoralisch.

Mark Twain (1835–1910)

Die Leidenschaften sind Mängel oder Tugenden,
nur gesteigerte.

Johann Wolfgang von Goethe (1749–1832)

Wovor ich mich am meisten fürchte, ist die Furcht.

Michel de Montaigne (1533–1592)
Französischer Philosoph und Essayist

Wo wäre das Verdienst,
wenn die Helden niemals Angst hätten?

Alphonse Daudet (1840–1897)
Französischer Lehrer, Journalist und Schriftsteller

Die ganze Welt ist voll armer Teufel,
denen mehr oder weniger angst ist.

Johann Wolfgang von Goethe (1749–1832)

Beherzt ist nicht, wer keine Angst kennt, beherzt ist,
wer die Angst kennt und sie überwindet.

Khalil Gibran (1883–1931)
Christlich-libanesischer Dichter, Philosoph und Maler

Zu fürchten hat man allein jene Dinge,
die Macht besitzen, Schaden zuzufügen;
nicht alles Übrige – es ist nicht furchtbar.

Dante Alighieri (1265–1321)
Italienischer Dichter

Man verzählt sich stets, wenn man mit Angst
und Hoffnung rechnet.

Françoise de Maintenon, Marquise de Aubigne (1635–1719)
Zweite Gemahlin Ludwig XIV.

Ich fürchte alles, bilde mir alles ein, und,
was bei Fürchtenden etwas ganz eigenes ist,
stelle mir das Schlimmste am ersten vor.

Gaius Plinius Caecilius Secundus der Jüngere (61 oder 62–113)
Römischer Politiker und Schriftsteller

Angst ist der einzige sichere Ratgeber,
den das Leben überhaupt hat.

Karl August Heinrich Julius Lafontaine (1758–1831)
Deutscher Erzähler und Fabeldichter

Angst verleiht Flügel.

Gustave Flaubert (1821–1880)
Französischer Erzähler und Novellist

Es gibt viele Dinge, die aus der Ferne gesehen schrecklich,
unerträglich, ungeheuerlich scheinen. Nähert man sich
ihnen, werden sie menschlich, erträglich, vertraut. Darum
sagt man, die Furcht ist größer als das Übel.

Niccolò Machiavelli (1469–1527)
Italienischer Staatsmann und Schriftsteller

Jede Furcht rührt daher, dass wir etwas lieben.

Thomas von Aquin (1225–1274)
Italienischer Philosoph und Dominikanerpater

Angst ist der Schwindel
der Freiheit.

Søren Aabye Kierkegaard (1813–1855)
Dänischer Philosoph, Theologe und Schriftsteller

Wenn das Schwein
am fettesten ist,
hat es den Metzger
am meisten zu fürchten.

Abraham a Santa Clara (1644–1709)
Deutscher Augustiner-Barfüßer

Viele glauben nichts,
aber fürchten alles.

Christian Friedrich Hebbel (1813–1863)
Deutscher Dramatiker

Je weniger Angst, desto weniger Geist.

Søren Aabye Kierkegaard (1813–1855)
Dänischer Philosoph, Theologe und Schriftsteller

Furcht, sagt Lukrez, hat die Götter geschaffen.
Aber wer schuf dann diese allmächtige Furcht?

Georg Christoph Lichtenberg (1742–1799)
Deutscher Physiker und Meister des Aphorismus

Wer sich fürchtet, denkt langsamer,
läuft aber schneller. *Unbekannt*

Hat unsere Seele nur einmal Entsetzen genug
in sich getrunken, so wird das Auge in jedem Winkel
Gespenster sehen.

Johann Christoph Friedrich von Schiller (1759–1805)

Notwendigerweise hat derjenige Angst vor vielen,
vor dem viele Angst haben.

Publilius Syrus (wahrscheinlich 90–40 v. Chr.)
Römischer Moralist und Possenschreiber

Täglich wird bestraft,
wer immer Angst hat.

Publilius Syrus (wahrscheinlich 90–40 v. Chr.)
Römischer Moralist und Possenschreiber

Wir können Kindern vergeben, dass sie Angst haben
vor der Dunkelheit. Eine echte Tragödie wird es, wenn sie
als Erwachsene Angst haben vor dem Tageslicht.

Plato (427–347 v. Chr.)

Sehr kurz und voller Sorgen ist das Leben derer, die das
Vergangene vergessen, das Gegenwärtige vernachlässigen,
vor der Zukunft Angst haben.

Lucius Annaeus Seneca (ca. 1 v. Chr.–65 n. Chr.)
Römischer Politiker, Philosoph und Schriftsteller

Furcht ist nur ein anderer Name für die Unfähigkeit,
die Entstehung von Gedanken zu beherrschen.

Prentice Mulford (1834–1891)
US-amerikanischer Journalist, Erzieher,
Goldgräber und Warenhausbesitzer

Grundgedanken

I

Chancen

Freiheit

Gerechtigkeit

Phantasie

Schicksal

Vertrauen

Die Chance klopft öfter an als man meint, aber meistens ist niemand zu Hause.

William »Will« Penn Adair Rogers (1879–1935)
US-amerikanischer Humorist und Schriftsteller

Vertane Chancen entpuppen sich manchmal
als die am besten verzinsten Anlagen.

Georges Feydeau (1862–1921)
Französischer Dramatiker

Der ideale Tag wird nie kommen.
Der ideale Tag ist heute, wenn wir ihn dazu machen.

Horaz (65–8 v. Chr.)
Römischer Dichter und Satiriker

Die Einsamkeit möbliert die Vergangenheit
mit den ungenutzten Chancen.

Jüdisches Sprichwort

Beinah – bringt keine Mücke um.　　　*Deutsches Sprichwort*

Das Leben kann nie Sicherheit bieten,
es kann nur Chancen anbieten.　　　*Unbekannt*

Kleine Gelegenheiten sind oftmals der Beginn
von großen Unternehmungen.

Demosthenes (384–322 v. Chr.)
Athenischer Politiker und Redner

Die meisten Menschen versäumen die günstige Gelegenheit, weil sie im Overall kommt und nach Arbeit aussieht.

Thomas Alva Edison (1847–1931)

Nutzen muss man den Augenblick,
der einmal nur sich bietet.

Johann Christoph Friedrich von Schiller (1759–1805)

Was uns als eine schwere Prüfung erscheint,
erweist sich oft als Segen.

Oscar Wilde (1854–1900)

Grüße diesen Tag, nimmer traue dem nächsten.

Horaz (65–8 v. Chr.)
Römischer Dichter und Satiriker

Eine Chance zu sehen, ist keine Kunst. Die Kunst ist,
eine Chance als erster zu sehen.

Benjamin Franklin (1706–1790)
US-amerikanischer Politiker, Naturwissenschaftler
Erfinder und Schriftsteller

Plausible Unmöglichkeiten sollten unplausiblen
Möglichkeiten vorgezogen werden.

Aristoteles (384–322 v. Chr.)

Chancen multiplizieren sich, wenn man sie ergreift.

Sunzi (ca. 500 v. Chr.)
Chinesischer General und Militärstratege

An einem offenen Paradiesgärtchen geht der Mensch endgültig vorbei und wird erst traurig, wenn es verschlossen ist.

Gottfried Keller (1819–1890)

Vögel im Käfig sprechen vom Fliegen. Freie Vögel fliegen.

Chinesisches Sprichwort

Freiheit ist die Gelegenheit zu steter Initiative.

Graham Wallas (1858–1932)
Englischer Sozialpsychologe

Es darf sich einer nur für frei erklären,
so fühlt er sich denselben Augenblick als bedingt.
Wagt er es, sich für bedingt zu erklären,
so fühlt er sich frei.

Johann Wolfgang von Goethe (1749–1832)

Zugunsten der Wahrheit und der Freiheit
muss man sich manchmal über die üblichen Regeln
des guten Tons hinwegsetzen.

Michel de Montaigne (1533–1592)
Französischer Philosoph und Essayist

Der freieste Mensch ist der, welcher die wenigsten Vorurteile besitzt.

César Chesneau Du Marsais (1676–1756)
Französischer Philosoph der Aufklärung

Die Freiheit und eine Hure sind die kosmopolitischsten Dinge unter der Sonne.

Georg Büchner (1813–1837)

Frei ist nicht, wer tun kann, was er will,
sondern wer werden kann, was er soll.

Paul Anton de Lagarde (1827–1891)
Deutscher Orientalist und Kulturphilosoph

Ist man recht, so wird man ruhig. Ist man ruhig,
so wird man rein und klar. Ist man rein und klar,
so wird man frei. Ist man frei, so braucht man nichts zu tun,
und dennoch bleibt nichts ungetan.

Lü Bu We (um 300–235 v. Chr.)
Chinesischer Kaufmann, später Reichskanzler

Freiheit ist ein stürmisches Meer.
Ängstliche Naturen bevorzugen die Stille des Despotismus.

Thomas Jefferson (1743–1826)
3. Präsident der Vereinigten Staaten von Amerika

Vielleicht erscheint man niemals so ungezwungen, als wenn man eine Rolle zu spielen hat.

Oscar Wilde (1854–1900)

Freiheit haben ist nur das, was wir notwendig brauchen, um so sein zu können, wie wir eigentlich sein sollten.

Rahel Antonie Friederike Varnhagen von Ense (1771–1833)
Vorkämpferin für die Gleichberechtigung der Juden und der Frauen

Zur Freiheit führt eine Straße: Verschmähung alles dessen, was nicht unser ist.

Epiktet (um 50–138)
Griechischer Stoiker und Philosoph

Die Menschen sind doch sonderbare Wesen.
Die Freiheit, die sie haben, benutzen sie nicht,
aber verlangen die, die sie nicht haben:
Sie haben Denkfreiheit und verlangen Redefreiheit.

Søren Aabye Kierkegaard (1813–1855)
Dänischer Philosoph, Theologe und Schriftsteller

Die Menschen wollen durchaus frei sein,
sich gegenseitig zugrunde zu richten.

Johann Gottlieb Fichte (1762–1814)
Deutscher Theologe und Philosoph

Willst du leben, musst du dienen;
willst du frei sein, musst du sterben.

Georg Friedrich Wilhelm Hegel (1770–1831)
Deutscher Philosoph

Nur wer sich bewegt, spürt seine Fesseln.

Rosa Luxemburg (1870–1919)

Es gibt kaum ein Wort heutzutage, mit dem mehr
Mißbrauch getrieben wird als mit dem Wort »frei«.
Ich traue dem Wort nicht, aus dem Grunde,
weil keiner die Freiheit für alle will; jeder will sie für sich.

Otto Eduard Leopold Fürst von Bismarck (1815–1898)

Binde zwei Vögel zusammen;
sie werden nicht fliegen können,
obwohl sie nun vier Flügel haben.

Dschalal ad-Din Muhammad Rumi (1207–1273)
Persischer Mystiker und Dichter

Die, die grundlegende Freiheiten aufgeben,
um vorübergehend ein wenig Sicherheit zu bekommen,
verdienen weder Freiheit noch Sicherheit.

Benjamin Franklin (1706–1790)
US-amerikanischer Politiker, Naturwissenschaftler und Schriftsteller

Das Reich der Freiheit beginnt da, wo Arbeit aufhört.

Karl Marx (1818–1883)

Wenn einst, was Gott verhüte, in der ganzen Welt die
Freiheit verschwunden ist, so wird ein deutscher Träumer
sie in seinen Träumen wieder entdecken.

Heinrich Heine (1797–1856)

Das Grundprinzip
unserer Freiheit
ist die Freiheit des Willens,
die viele im Munde führen,
wenige aber verstehen.

Dante Alighieri (1265–1321)

Wolken, die über den Himmel ziehn, ohne Regen zu geben, sind die Gerechtigkeit des Gesetzes, das viel verheißt, aber nichts gibt als Schauspielerei.

Martin Luther (1483–1546)

Ein Staat ohne Gerechtigkeit
ist nichts anderes
als eine Räuberhöhle.

Aurelius Augustinus (354–430)
Philosoph, Kirchenvater und Heiliger

Wenn die Gerechtigkeit
all ihre Strenge anwendete,
würde die Erde
bald eine Wüste sein.

Pietro Metastasio (1698–1782)
Italienischer Bühnenschriftsteller und Wiener Hofdichter

Was man Gerechtigkeit nennt, ist also ebenso willkürlich wie die Mode. Es gibt bei den Menschen Zeiten des Schreckens und des Wahnsinns wie Zeiten der Pest, und diese Seuche hat sich über die ganze Erde verbreitet.

Voltaire (1694–1778)

Gerechtigkeit gegen alle bedeutet die wahre Liebe zu dem Einen.

Bettina von Arnim (1785–1859)
Deutsche Schriftstellerin

Die Gerechtigkeit bringt reine Ordnung, aber man möchte uns gar zu gern jede dumme Ordnung für Gerechtigkeit verkaufen.

Johann Gottfried Seume (1763–1810)
Deutscher Schriftsteller

Ich bin peinlich gerecht, weil es die Distanz aufrechterhält.

Friedrich Wilhelm Nietzsche (1844–1900)

Die Menschen fordern Gerechtigkeit meist nur, solange sie nicht selbst betroffen sind.

Unbekannt

Gerechtigkeit: Eigenschaft und Phantom der Deutschen.

Johann Wolfgang von Goethe (1749–1832)

Die Gerechtigkeit ist die Freiheit derer,
welche gleich sind; die Ungerechtigkeit ist die Freiheit
derer, welche ungleich sind.

Friedrich Heinrich Jacobi (1743–1819)
Deutscher Philosoph und Schriftsteller

Man muss gerecht sein, ehe man großmütig ist,
wie man Hemden haben muss, ehe man Spitzen hat.

Nicolas Chamfort (1740–1794)
Französischer Dramatiker

Gerechtigkeit ist nichts als die lebhafte Besorgnis,
dass man uns nicht nehme, was uns gehört.

François VI. Duc de La Rochefoucauld (1613–1680)
Französischer Offizier, Diplomat und Schriftsteller

Es gibt ein unfehlbares Rezept, eine Sache gerecht unter
zwei Menschen aufzuteilen: Einer von ihnen darf
die Portionen bestimmen, und der andere hat die Wahl.

Gustav Stresemann (1878–1929)
Deutscher Politiker

Ein gerechter Mensch
ist nicht derjenige, der keine
Ungerechtigkeit begeht,
sondern der, welcher,
wenn er ungerecht sein könnte,
es nicht sein will.

Menander (342 oder 341–291 v. Chr.)
Griechischer Komödiendichter

Die Gerechtigkeit ist ohnmächtig ohne die Macht;
die Macht ist tyrannisch ohne die Gerechtigkeit.

Blaise Pascal (1623–1662)
Französischer Religionsphilosoph und Naturwissenschaftler

Die natürliche Gerechtigkeit ist eine Abmachung
über das Zuträgliche, um einander gegenseitig
weder zu schädigen noch sich schädigen zu lassen.

Epikur von Samos (341–270 v. Chr.)
Griechischer Philosoph

Es gibt zwei Klassen von Menschen:
die Gerechten und die Ungerechten. Die Einteilung
wird von den Gerechten vorgenommen.

Oscar Wilde (1854–1900)

Ich habe Angst um die menschliche Rasse,
wenn ich daran denke, dass Gott gerecht ist.

Thomas Jefferson (1743–1826)
3. Präsident der Vereinigten Staaten von Amerika

Gerechtigkeit wird nur dort herrschen, wo sich
die vom Unrecht nicht Betroffenen genauso entrüsten
wie die Beleidigten.

Plato (427–347 v. Chr.)

Wenn ein Mann alt genug ist, unrecht zu tun,
sollte er auch alt genug sein, recht zu tun.

Oscar Wilde (1854–1900)

Der Gerechte ist sterblich und geht dahin,
sein Licht jedoch bleibt.

Fjodor Michailowitsch Dostojewskij (1821–1881)

Die Phantasie ist das Auge der Seele.

Joseph Joubert (1754–1824)
Französischer Moralist

Ich habe noch nie eine Phantasie gehabt, die nicht
eine – wenn auch noch so verborgene – Nabelschnur zur
Wirklichkeit gehabt hätte.

Christian Morgenstern (1871–1914)

Einbildungskraft ist eine Eigenschaft, die den Menschen
dafür entschädigt, was er nicht ist. Und der Sinn für Humor
sorgt dafür, dass er für das getröstet wird, was er ist.

Oscar Wilde (1854–1900)

Im Kampf gegen die Wirklichkeit hat der Mensch
nur eine Waffe: die Phantasie.

Théophile Gautier (1811–1872)
Französischer Erzähler, Lyriker und Kritiker

Alles, was ein Mensch sich vorstellen kann,
werden andere Menschen verwirklichen.

Jules Verne (1828–1905)
Französischer Schriftsteller

Kläglich: der Zustand eines Feindes oder Gegners nach
einem Zusammentreffen mit dir in deiner Phantasie.

Ambrose Gwinnet Bierce (1842–1914)
US-amerikanischer Journalist und Satiriker

Phantasie ist die Kunst, aus Fehlern zu lernen, die man noch machen wird.

Horaz (65–8 v. Chr.)
Römischer Dichter und Satiriker

Der Mensch braucht bei den besten Flügeln
seiner Phantasie auch ein paar Stiefel für das Pflaster.

Jean Paul (1763–1825)
Deutscher Dichter, Publizist und Pädagoge

Viele Menschen halten ihre Phantasie für ihr Gedächtnis.

Josh Billings (1818–1885)
US-amerikanischer Humorist

Gute Menschen reizen die Geduld,
böse Menschen reizen die Phantasie.

Oscar Wilde (1854–1900)

Die Phantasie ist die schönste Tochter der Wahrheit, nur etwas lebhafter als die Mama.

Carl Spitteler (1845–1924)
Schweizer Dichter und Romanautor

Eine Seele ohne Phantasie ist wie eine Sternenwarte
ohne Teleskop.

Henry Ward Beecher (1813–1887)
US-amerikanischer Geistlicher

Das Leben eines Menschen ist gefärbt
von der Farbe seiner Vorstellungskraft.

Marc Aurel (121–180)
Römischer Kaiser und Philosoph

Einbildungskraft: das, was uns davon abhält,
uns in den Armen eines Stubenmädchens
so glücklich zu fühlen wie in den Armen einer Gräfin.

Samuel Johnson (1709–1784)
Englischer Sprachforscher, Lehrer und Journalist

Das Schicksal mischt die Karten, und wir spielen.

Arthur Schopenhauer (1788–1860)

Das Schicksal kommt, wenn's niemand merkt.

Publilius Syrus (wahrscheinlich 90–40 v. Chr.)
Römischer Moralist und Possenschreiber

Zwei Dinge sollte ein Mensch nie beklagen: das, was er
ändern kann, und das, was er nicht ändern kann.

Thomas Fuller (1608–1661)
Englischer Prediger

Wenn es jemandes Schicksal ist zu ertrinken,
wird er auch in einem Becher Wasser ertrinken.

Jüdisches Sprichwort

Ich bin ein Teil all dessen, was mir widerfährt.

Alfred Lord Tennyson (1809–1892)
Englischer Dichter

Was das Schicksal mit schwarzer Tinte schreibt,
kann die Sonne nicht bleichen.

Griechisches Sprichwort

Man muss für sein Schicksal sorgen
wie für seine Gesundheit.

François VI. Duc de La Rochefoucauld (1613–1680)
Französischer Offizier, Diplomat und Schriftsteller

Es ist sinnlos, dem Schicksal zu grollen;
denn es nimmt keine Klagen an.

Marc Aurel (121–180)
Römischer Kaiser und Philosoph

Wenn das Schicksal uns schmeichelt, tut es das,
um uns zu verraten.

Publilius Syrus (wahrscheinlich 90–40 v. Chr.)
Römischer Moralist und Possenschreiber

Das Schicksal der Menschen ist auf glückliche
Augenblicke, aber nicht auf glückliche Zeiten eingerichtet.

Friedrich Wilhelm Nietzsche (1844–1900)

So ist Schicksal ein Name für Tatbestände,
die noch nicht durch das Feuer des Gedankens gegangen,
und für Ursachen, die noch nicht erkannt sind.

Ralph Waldo Emerson (1803–1882)
US-amerikanischer Geistlicher, Philosoph und Essayist

Achte auf Deine Gedanken,
denn sie werden Worte.

Achte auf Deine Worte,
denn sie werden Handlungen.

Achte auf Deine Handlungen,
denn sie werden Gewohnheiten.

Achte auf Deine Gewohnheiten,
denn sie werden Dein Charakter.

Achte auf Deinen Charakter,
denn er wird Dein Schicksal.

Aus dem Talmud

Den Willigen führt das Schicksal,
den Unwilligen reißt es hinfort.

Lucius Annaeus Seneca (ca. 1 v. Chr.–65 n. Chr.)
Römischer Politiker, Philosoph und Schriftsteller

Keine Berechnung kann das Schicksal besiegen.

Ovid (43 v. Chr.-17 n. Chr).
Römischer Epiker

Vor dem Schicksal schützt uns nur eins: die Nichtigkeit.

Christian Friedrich Hebbel (1813–1863)
Deutscher Dramatiker

Die Sterne
sind nur der Vater
deines Schicksals.
Die Mutter
ist deine eigene Seele.

Johannes Kepler (1571–1630)
Deutscher Astronom

Reich oder arm, das Schicksal findet bei jedem das Fleckerl heraus, wo er kitzlig ist.

Johann Nepomuk Nestroy (1801–1862)
Österreichischer Dramatiker, Schauspieler und Bühnenautor

Das Unvorhergesehene ist die wahre Bewährungsprobe.

Aristoteles (384–322 v. Chr.)

Jeder Mensch muss seine Schicksalsschläge haben.

Friedrich II., der Große (1712–1786)
Preußischer König, genannt »Der alte Fritz«

Ein konsequenter Mensch glaubt an das Schicksal,
ein launenhafter an den Zufall.

Benjamin Disraeli (1804–1881)
Britischer Staatsmann und Schriftsteller

Man wird vom Schicksal hart oder weich geklopft,
es kommt auf das Material an.

Marie Freifrau von Ebner-Eschenbach (1830–1916)
Österreichische Erzählerin, Novellistin und Aphoristikerin

Vertrauen erweckt Vertrauen.

Friedrich Wilhelm IV. (1795–1861)
König von Preußen

Vertrauen trägt mehr zur Unterhaltung bei als Geist.

François VI. Duc de La Rochefoucauld (1613–1680)
Französischer Offizier, Diplomat und Schriftsteller

Vertrauen ist keine Schnittblume, die nachwächst.

Schwedisches Sprichwort

Es gibt eine alte Erfahrung: Wer zu freigiebig ist
im Vertrauen, ist auch zu freigiebig im Misstrauen.

Berthold Auerbach (1812–1882)
Deutscher Kulturpolitiker und Schriftsteller

Jedes Vertrauen ist gefährlich, das nicht vollständig ist.

Jean de La Bruyère (1645–1696)
Französischer Moralist und Aphoristiker

Die Angst klopft an die Tür, das Vertrauen öffnet
und niemand ist draußen.

Asiatisches Sprichwort

Wo Vertrauen ist, da stellt sich der Sieg ein.

Zeami Motokiyo (1363–1443)
Japanischer Schauspieler und Dramatiker

Wer damit anfängt, dass er allen traut, wird damit enden,
dass er jeden für einen Schurken hält.

Christian Friedrich Hebbel (1813–1863)
Deutscher Dramatiker

Leute, welche uns ihr volles Vertrauen schenken,
glauben dadurch ein Recht auf das unsrige zu haben.
Dies ist ein Fehlschluss, durch Geschenke
erwirbt man keine Rechte.

Friedrich Wilhelm Nietzsche (1844–1900)

Du sollst nie dem Scheine und der Äußerlichkeit trauen,
sondern sollst nur andere Leute damit abspeisen.

Philip Dormer Stanhope Lord Chesterfield (1694–1773)
Englischer Staatsmann und Schriftsteller

Traue niemand, den der Anblick einer schönen weiblichen
Brust nicht außer Fassung bringt.

Pierre-Auguste Renoir (1841–1919)
Französischer Maler des Impressionismus

Vertrauen ist gut, Kontrolle ist besser.

Wladimir Iljitsch Lenin (1870–1924)
Russischer Revolutionär und sowjetischer Staatsmann

Mangelndes Vertrauen ist nichts als das Ergebnis von
Schwierigkeiten. Schwierigkeiten haben ihren Ursprung
in mangelndem Vertrauen.

Lucius Annaeus Seneca (ca. 1 v. Chr.–65 n. Chr.)
Römischer Politiker, Philosoph und Schriftsteller

Wir verschenken unser Vertrauen meist nur,
um bedauert oder bewundert zu werden.

François VI. Duc de La Rochefoucauld (1613–1680)
Französischer Offizier, Diplomat und Schriftsteller

Ach, das waren noch gute Zeiten,
da ich alles glaubte, was ich hörte.

Georg Christoph Lichtenberg (1742–1799)
Deutscher Physiker und Meister des Aphorismus

Wer anderen zu wenig traut, hat Angst an allen Ecken; und wer zu viel auf andere baut, erwacht zumeist mit Schrecken.

Wilhelm Busch (1832–1908)

grund-
gedanken
II

Lebe gut, lache gut, mache deine Sache gut.

Japanisches Sprichwort

Das Wesentliche kommt meist auf leisen Sohlen.

Eduard Mörike (1804–1875)
Deutscher Erzähler, Lyriker und Dichter

Mag sein, wir steh'n an unseres Lebens Ende
noch unterm Ziel – genug, der Weg ist klar!

Christian Morgenstern (1871–1914)

Bedenke, dass du nur Schauspieler bist in einem Stücke,
das der Spielleiter bestimmt.

Epiktet (um 50–138)
Griechischer Stoiker und Philosoph

Den besten Gebrauch von seinem Leben macht derjenige,
der es einer Sache widmet, die ihn überdauert.

William James (1842–1910)
US-amerikanischer Psychologe und Philosoph

Denn wer seinen Acker gut bestellt hat,
der weiß doch nicht, wer ihn abernten wird;
ein anderer baut ein schönes Haus und
vermag doch nicht zu sagen, wer darin wohnen wird.

Xenophon (430–355 v. Chr.)
Griechischer Schriftsteller, Schüler des Sokrates

Der Sinn des Lebens
ist das Leben selbst.

Johann Wolfgang von Goethe (1749–1832)

Ich war da, ich musste geh'n.
Ich machte keine Spuren.
Aber der Wind
hat mein Lied gehört.

Indianische Weisheit

Die Lebensspanne ist dieselbe,
ob man sie lachend
oder weinend verbringt.

Chinesisches Sprichwort

Das Leben besteht nicht daraus,
gute Karten zu haben,
sondern mit denen, die du hast,
gut zu spielen.

Josh Billings (1818–1885)
US-amerikanischer Humorist

Sterbe nicht, bevor du tot bist!

Indisches Sprichwort

Nicht der Weg
ist das Schwierige, vielmehr ist
das Schwierige der Weg.

Søren Aabye Kierkegaard (1813–1855)
Dänischer Philosoph, Theologe und Schriftsteller

Wer das Beste will, muss oft das Bitterste kosten.

Johann Kaspar Lavater (1741–1801)
Schweizer evangelischer Theologe, Religionsphilosoph und Schriftsteller

Ein Mensch lebt, um den Massen nützlich zu sein. Und der Wert eines Menschen wird bestimmt durch den Nutzen, den er seinen Mitmenschen bringt. Geboren werden, leben, essen, trinken und sterben, das kann auch ein Insekt.

Giuseppe Garibaldi (1807–1882)
Italienischer Freiheitskämpfer und Politiker

Zu sein, was wir sind und zu werden,
was wir werden können, ist der einzige Sinn des Lebens.

Robert Louis Balfour Stevenson (1850–1894)
Schottisch-Britischer Erzähler

Die Weisheit des Lebens besteht im Ausschalten
der unwesentlichen Dinge.

Chinesisches Sprichwort

Wenn Sie das Leben kennen, geben Sie mir doch bitte seine Anschrift.

Jules Renard (1864–1910)
Französischer Roman- und Tagebuchautor

Jeden Tag seines Lebens eine feine, kleine Bemerkung
einfangen – wäre schon genug für ein Leben.

Christian Morgenstern (1871–1914)

Wir sind Leben, wir sind Natur, wir sind Gott.
Bloß zu existieren, ist nicht genug.
Wir müssen unsere Bestimmung kennen
und tun, was zu tun ist.

Akiba Ben Joseph (um 50–136)
Jüdischer Schriftgelehrter und Märtyrer

Ein wichtiger Punkt der Lebensweisheit besteht
in dem richtigen Verhältnis, in welchem wir
unsere Aufmerksamkeit teils der Gegenwart,
teils der Zukunft widmen, damit nicht die eine
uns die andere verderbe.

Arthur Schopenhauer (1788–1860)

Erst leben – dann philosophieren!

Italienisches Sprichwort

Denn wir haben hier keine bleibende Statt,
sondern die zukünftige suchen wir. *Bibel*

Erfahrungen
sind die Fehler,
an die wir
uns erinnern
wollen.

Voltaire (1694–1778)

»Ihr, die ihr noch so jung seid,
hört einen Alten,
auf den die Alten hörten,
als er noch jung war!«

Augustus Octavius (63 v. Chr.–14 n. Chr.)
Römischer Kaiser

Wenn die Dinge
zweimal getan werden könnten,
wären wir alle weise.

Schottisches Sprichwort

Erfahrung ist der Name,
mit dem jeder
seine Dummheiten bezeichnet.

Oscar Wilde (1854–1900)

Wenn man in die
mittleren Jahre kommt,
kennt man alle Antworten,
doch nur höchstselten
stellt einem jemand
die entsprechenden Fragen!

Henri Dunant (1828–1910)
Schweizer Philanthrop, Gründer des Roten Kreuzes

Gebranntes Kind scheut das Feuer – bis zum nächsten Tag.

Mark Twain (1835–1910)

Fremde Erfahrungen ritzen die Haut,
eigene Erfahrungen schneiden ins Fleisch.

Koreanisches Sprichwort

Nachher ist sogar ein Narr klug.

Homer (etwa 8. Jh. v. Chr.)

Der Mensch hat dreierlei Wege klug zu handeln:
Erstens durch Nachdenken, das ist der edelste.
Zweitens durch Nachahmung, das ist der leichteste.
Drittens durch Erfahrung, das ist der bitterste.

Konfuzius (551–479 v. Chr.)

Erfahrung vermehrt unsere Weisheit,
verringert aber nicht unsere Torheiten.

Josh Billings (1818–1885)
US-amerikanischer Humorist

Das Tragische an jeder Erfahrung ist,
dass man sie erst macht,
nachdem man sie gebraucht hätte.

Friedrich Wilhelm Nietzsche (1844–1900)

Erfahrung ist die einzige Schule,
in der auch Dummköpfe etwas lernen können.

Georg Christoph Lichtenberg (1742–1799)
Deutscher Physiker und Meister des Aphorismus

Erfahrung ist die Fähigkeit, seiner Frau Dinge zu schenken,
die sie nicht umtauscht. *Unbekannt*

Für Erfahrungen muss man teuer bezahlen, und trotzdem
will niemand sie haben, wenn man sie verschenken möchte.

Ludwig Börne (1786–1837)
Deutscher Publizist

Ein vernünftiger Mensch beurteilt
gegenwärtige Ereignisse auf Grund von vergangenen.

Sophokles (496–406/5 v. Chr.)

Denn früh belehrt' ihn die Erfahrung:
Sobald er schrie, bekam er Nahrung.

Wilhelm Busch (1832–1908)

Alles, was einmal passiert, muss nicht
noch einmal passieren. Aber alles, was zweimal passiert,
passiert bestimmt auch ein drittes Mal.

Arabisches Sprichwort

Erfahrung ist verstandene Wahrnehmung.

Immanuel Kant (1724–1804)

Erfahrung ist fast immer die Parodie auf die Idee.

Johann Wolfgang von Goethe (1749–1832)

Wer sich schon mal den Mund am Brei verbrannt hat,
der pustet sogar den Joghurt.

Ungarisches Sprichwort

Gibt es jemand, der so weise ist,
dass er aus den Erfahrungen anderer lernt?

Voltaire (1694–1778)

Erfahrungen sind Maßarbeit.
Sie passen nur dem, der sie macht.

Oscar Wilde (1854–1900)

Erfahrungen sind wie Laternen, die wir
auf dem Rücken tragen. Sie beleuchten den Weg,
den wir hinter uns haben.

Konfuzius (551–479 v. Chr.)

Erfahrung heißt gar nichts.
Man kann eine Sache auch
35 Jahre lang schlecht machen.

Kurt Tucholsky (1890–1935)

Bei vierzig
beginnt
das Altsein
der Jungen,
bei fünfzig
das Jungsein
der Alten.

Weisheit der Zulu

Älter zu werden ist nicht schön, aber es ist interessant.

August Strindberg (1849–1912)

Der bejahrte Murrkopf, welcher fest glaubt,
dass in seiner Jugend die Welt viel ordentlicher
und die Menschen besser gewesen wären,
ist ein Phantast in Ansehung der Erinnerung.

Immanuel Kant (1724–1804)

Im Alter wird man verständnisloser und verständiger.

François VI. Duc de La Rochefoucauld (1613–1680)
Französischer Offizier, Diplomat und Schriftsteller

Wer über sein Tages- und Lebenswerk nachdenkt,
wenn er am Ende müde ist, kommt gewöhnlich
zu einer melancholischen Betrachtung: Das liegt aber nicht
am Tage und am Leben, sondern an der Müdigkeit.

Friedrich Wilhelm Nietzsche (1844–1900)

Aber kein Übel gibt es, das langes Leben
nicht mit sich brächte.

Francesco Petrarca (1304–1374)
Italienischer Humanist, Lyriker und Dichter

Im zwanzigsten Lebensjahr regiert der Wille,
im dreißigsten das Wissen, im vierzigsten das Urteil.

Benjamin Franklin (1706–1790)
US-amerikanischer Politiker, Naturwissenschaftler und Schriftsteller

Die Ungeduld des Alters bleibt der Jugend
ewig unverständlich.

Abbé Ferdinando Galiani (1728–1787)
Italienischer Nationalökonom und Schriftsteller

Die gefährlichste Lächerlichkeit alter Menschen,
die einst liebenswürdig waren, ist, zu vergessen,
dass sie es nicht mehr sind.

François VI. Duc de La Rochefoucauld (1613–1680)
Französischer Offizier, Diplomat und Schriftsteller

Jeder möchte lange leben, aber keiner will alt werden.

Jonathan Swift (1667–1745)

Hat dir der Tag was gebracht?
So fragt sich am Abend der Jüngling.
Hat dir der Tag was geraubt?
Fragt sich der Mann und der Greis.

Christian Friedrich Hebbel (1813–1863)

Die zweite Hälfte seines Lebens
verbringt der Weise damit,
sich von den Torheiten,
Vorurteilen und
irrigen Ansichten zu befreien,
die er sich in der ersten
zu Eigen gemacht hat.

Jonathan Swift (1667–1745)

Es ist sehr schade, dass die Kräfte in dem Alter abnehmen,
in dem der Geschmack sich vervollkommnet.

Voltaire (1694–1778)

Nicht mit dem scheidenden Herbst
fühlen wir uns älter werden,
weit mehr mit dem kommenden Frühling.

Karl Ferdinand Gutzkow (1811–1878)
Deutscher Schriftsteller

Man fürchtet das Alter und weiß nicht einmal, ob man überhaupt alt werden wird.

Jean de La Bruyère (1645–1696)
Französischer Moralist

Es ist mit den Jahren wie mit den Sibylinischen Büchern:
Je mehr man ihrer verbrennt, desto teurer werden sie.

Johann Wolfgang von Goethe (1749–1832)

Das Altern ist nichts für Feiglinge.

Amerikanisches Sprichwort

Niemand ist so alt, dass er nicht noch ein Jahr leben
zu können glaubt.

Marcus Tullius Cicero (106–43 v. Chr.)

Das schlimmste Übel ist ausscheiden aus der Schar
der Lebendigen, ehe man stirbt.

Lucius Annaeus Seneca (ca. 1 v. Chr.–65 n. Chr.)

A: Sie sind sehr alt geworden.
B: Ja, das ist gewöhnlich
der Fall, wenn man lange lebt.

Georg Christoph Lichtenberg (1742–1799)
Deutscher Physiker und Meister des Aphorismus

Die meisten Menschen benutzen ihre Jugend,
um ihr Alter zu ruinieren.

Jean de La Bruyère (1645–1696)
Französischer Moralist und Aphoristiker

Das Greisenalter, das wir alle zu erreichen wünschen,
klagen alle an, wenn sie es erreicht haben.

Marcus Tullius Cicero (106–43 v. Chr.)

Gott ist leider nicht galant. Sonst hätte er uns die Falten
an die Fußsohlen gemacht und nicht ins Gesicht.

Ninon de Lenclos (1620–1705)
Französische Kurtisane

Wir haben nur das nötig, was wir nötig haben.

Anton Pawlowitsch Tschechow (1860–1904)
Russischer Erzähler und Dramatiker

Der Mann, der einst des Löwen Haut verkauft,
da er noch lebte, kam beim Jagen um.

William Shakespeare (1564–1616)

Nicht die Höhe, der Abhang ist das Furchtbare!

Johann Christoph Friedrich von Schiller (1759–1805)

Wer der Welt gefallen will, hat eine Menge Dinge
zu lernen – und zwar meist von Leuten,
die sie selbst nicht gelernt haben.

Nicolas Chamfort (1740–1794)
Französischer Dramatiker

Nichts ist schwieriger als seine Geschicklichkeit vor den
Menschen zu verbergen und nichts notwendiger.

François VI. Duc de La Rochefoucauld (1613–1680)
Französischer Offizier, Diplomat und Schriftsteller

Der Edelmann glaubt, dass die Jagd
ein großes Vergnügen sei.
Der Reitknecht ist anderer Ansicht.

Blaise Pascal (1623–1662)
Französischer Religionsphilosoph und Naturwissenschaftler

Es ist nicht einfach, wenn der falsche Mann
das Richtige sagt.

Unbekannt

Die Entfernung verkleinert alles Physische
und vergrößert alles Moralische.

Christian Friedrich Hebbel (1813–1863)

Ergründe, wie die Dinge selber sind,
indem du sie zerlegst in Stoff, Ursache, Zweck.

Marc Aurel (121–180)

Nur eine Ansicht ist unwahr;
die, dass nur eine Ansicht wahr sei.

Ernst Freiherr von Feuchtersleben (1806–1849)
Österreichischer Arzt, Lyriker und Essayist

Beobachte das Schwimmen der Fische im Wasser
und du wirst den Flug der Vögel in der Luft begreifen.

Leonardo da Vinci (1452–1519)

Das Staunen ist der Anfang der Erkenntnis.

Plato (427–347 v. Chr.)

Erfahrungen machst du gewiss
jeden Tag. Zur Einsicht kommst
du vielleicht zweimal im Jahr,
zur wahren Erkenntnis
allenfalls einmal im Leben.

Chinesisches Sprichwort

Die Summe unserer
Erkenntnisse besteht aus dem,
was wir gelernt und aus dem,
was wir vergessen haben.

Marie von Ebner-Eschenbach (1830–1916)
Österreichische Schriftstellerin

In der Sahara liegt der Sand so
locker, dass heute da Berge sind,
wo morgen Täler waren.

Johann Georg August Galletti (1750–1828)
Deutscher Historiker und Geograph

Erkenntnis lässt sich
nicht von anderen lernen.
Erkenntnis muss aus
dem eigenen Ich hervorgehen.

Dschuang Dsi (etwa 365–290 v. Chr.)
Taoistischer Philosoph

Wer den Kern sucht,
muss die Schale brechen.

Erasmus von Rotterdam (1469–1536)

Wenn man es recht besieht, so ist überall Schiffbruch.

Titus Petronius Arbiter (14–66)
Römischer Dichter

Wenn ich weiter als andere gesehen habe, dann nur deshalb,
weil ich auf der Schulter von Giganten stand.

Sir Isaac Newton (1643–1727)

Die Chinesen sagen, jedes Ding hat drei Seiten:
eine, die du siehst, eine, die ich sehe,
und eine, die wir beide nicht sehen.   *Unbekannt*

Reißt den Menschen aus seinen Verhältnissen;
und was er dann ist, nur das ist er.

Johann Gottfried Seume (1763–1810)
Deutscher Schriftsteller

Weltliche Dinge muss man erkennen,
damit man sie lieben kann.
Göttliche Dinge muss man lieben,
damit man sie erkennen kann.

Blaise Pascal (1623–1662)
Französischer Religionsphilosoph und Naturwissenschaftler

Die Vorzeit nimmt zu, die Zukunft ab.

Novalis (1772–1801)
Deutscher Lyriker

Das Beste an der Zukunft ist,
dass sie uns immer einen Tag
nach dem anderen serviert wird.

Abraham Lincoln (1809–1865)

Zukunft: jene Zeit, in der
unsere Geschäfte gut gehen,
unsere Freunde treu sind
und unser Glück gesichert ist.

Ambrose Gwinnet Bierce (1842–1914)
US-amerikanischer Journalist und Satiriker

Beobachte, was früher war,
dann weißt du,
was kommen wird.

Chinesisches Sprichwort

Wir tun immer etwas für die Nachwelt; gern würde ich sehen, dass die Nachwelt einmal etwas für uns tut.

Joseph Addison (1672–1719)
Englischer Diplomat und Gelehrter

Wüssten die Menschen, was die Zukunft bringt,
sie würden doch alle handeln, als wüssten sie es nicht.

Russisches Sprichwort

Der reiche Mann denkt an die Zukunft,
der arme an die Gegenwart.

Chinesisches Sprichwort

Der Mensch verbringt sein Leben auf Erden
mit reden über die Vergangenheit,
sich beklagen über die Gegenwart
und bangen vor der Zukunft.

Antoine de Rivarol (1753–1801)
Französischer Moralist und Übersetzer

Das Leben besteht aus zwei Teilen: die Vergangenheit –
ein Traum; die Zukunft – ein Wunsch.

Arabisches Sprichwort

Zukunft: die Vergangenheit,
die durch eine andere Tür wieder hereinkommt.

Unbekannt

Wenn der Mensch nicht über das nachdenkt, was in ferner
Zukunft liegt, wird er das schon in naher Zukunft bereuen.

Konfuzius (551–479 v. Chr.)

Furcht, Sehnsucht, Hoffnung drängen uns in die Zukunft.

Michel de Montaigne (1533–1592)
Französischer Philosoph und Essayist

Die Zukunft beeinflusst die Gegenwart
genauso wie die Vergangenheit.

Friedrich Wilhelm Nietzsche (1844–1900)

Was ist die Zukunft schon anderes als die Vergangenheit,
die sich im Schlaf umdreht.

Unbekannt

Man kann alles überleben, außer den Tod.

Oscar Wilde (1854–1900)

Wie können die Toten wirklich tot sein,
solange sie in unseren Herzen weiterleben?

Indianische Weisheit

Wer den Tod ablehnt, lehnt das Leben ab.
Denn das Leben ist uns nur mit der Auflage des Todes
geschenkt; es ist sozusagen der Weg dahin.

Lucius Annaeus Seneca (ca. 1 v. Chr.–65 n. Chr.)
Römischer Politiker, Philosoph und Schriftsteller

Wir kümmern uns nicht, dass wir nicht da gewesen sind,
ehe wir geboren wurden. Warum uns kümmern,
nicht mehr da zu sein, wenn wir gestorben sind?

Karl Julius Weber (1767–1832)
Deutscher Jurist, Privatgelehrter und Schriftsteller

Der Schmerz dauert eine Ewigkeit, der Tod nur einen Augenblick.

Jean-Baptiste-Louis Gresset (1709–1777)
Französischer Rokoko-Dichter

Wir erkennen wohl, was wir durch den Tod verlieren,
aber nicht, was wir durch ihn gewinnen.

Arthur Schopenhauer (1788–1860)

Das Leben sagt immer zugleich: Ja und Nein.
Er, der Tod, ist der eigentliche Ja-Sager. Er sagt nur: Ja.

Rainer Maria Rilke (1875–1926)

Seitdem der Tod aufgekommen ist,
ist man seines Lebens nicht mehr sicher.

Jüdisches Sprichwort

Was werden wohl jene, die schon über das Leben klagen,
angesichts des Todes sagen?

Unbekannt

Der Tod ist nichts Schreckliches, nur die fürchterliche Vorstellung vom Tod macht ihn furchtbar.

Epiktet (um 50–138)
Griechischer Stoiker und Philosoph

Der Tod ist das Wichtigste von allem.
Deshalb kommt er am Schluss.

Unbekannt

Den Tod fürchten, das heißt dem Leben viel Ehre erweisen.

Théodore Simon Jouffroy (1796–1842)
Französischer Philosoph

Der Tod begeht keine Fehler,
wenigstens macht er keinen wieder gut.

Christian Friedrich Hebbel (1813–1863)

In dieser Welt gibt es nichts Sichereres als den Tod
und die Steuern.

Benjamin Franklin (1706–1790)
US-amerikanischer Politiker, Naturwissenschaftler und Schriftsteller

Die Welt ist eine Herberge und der Tod ist das Ende der Reise.

John Dryden (1631–1700)
Englischer Dramatiker, Lustspielautor und Satiriker

Der Tod geht uns nichts an. Denn was sich aufgelöst hat,
hat keine Empfindung. Was aber keine Empfindung hat,
geht uns nichts an.

Epikur von Samos (341–270 v. Chr.)
Griechischer Philosoph

Angesichts des Todes endet aller Streit.

Émile Zola (1840–1902)

Darin täuschen wir uns, dass wir den Tod
immer nur vor uns sehen; ein großer Teil von ihm liegt
schon hinter uns; die ganze Zeit,
die wir bisher durchlebten, hat der Tod schon.

Lucius Annaeus Seneca (ca. 1 v. Chr.–65 n. Chr.)
Römischer Politiker, Philosoph und Schriftsteller

Wir bedauern die Toten, als fühlten sie den Tod,
und die Toten haben doch Frieden.

Johann Christian Friedrich Hölderlin (1770–1843)

Mensch: ein Lebewesen, das klopft, schlechte Musik macht
und seinen Hund bellen lässt.
Manchmal gibt er auch Ruhe, aber dann ist er tot.

Kurt Tucholsky (1890–1935)

Der Tod ist ein Übel. So haben die Götter geurteilt;
denn sonst würden auch sie sterben.

Sappho von Lesbos (um 600 v. Chr.)
Griechische Dichterin

Ertragen wir das Leben, das keine große Angelegenheit ist.
Fürchten wir den Tod nicht, er ist noch viel weniger.

Voltaire (1694–1778)

Sagt nicht, dass die Toten
tot sind. Etwas von
ihrem Wesen bleibt weiter
in ihren Nachkommen.
Wenn also die Toten
in ihren Nachkommen leben,
wie können sie dann tot sein?

Dschuang Dsi (etwa 365–290 v. Chr.)
Taoistischer Philosoph